AF349666

RÉPONSE A L'EXPOSÉ

POUR le Comte DE CRÉQUY ;

CONTRE le Marquis DE CRÉQUY.

LE Marquis de Créquy a rendu plainte contre moi, parce que, selon lui, j'ai ufurpé fon nom. J'ai été indigné, à jufte titre, d'un procédé qui tend à me faire regarder comme un fauffaire, ou du moins comme un intriguant qui veut s'enter fur un nom illuftre auquel il n'a aucune efpece de droits. Mon premier mouvement avoit été de configner dans un Mémoire détaillé, que j'aurois foumis aux regards de la Cour & de la Ville, les titres autheutiques, d'après lefquels je fuis rentré dans un Droit imprefcriptible. Je voulois rendre le public Juge entre le Marquis de Créquy & moi ; mais obligé de ré-pondre, dans un ordre judiciaire, aux attaques judiciaires que me livre le Marquis de Créquy, il m'a fallu recourir à des Confeils qui connuffent ces formes étrangeres à un Gentil-homme à qui fes peres n'ont appris qu'à fervir fon Roi. J'ai vu dès-lors mes projets arrêtés : vous êtes acculé, m'a-t-on dit ; vous ignorez encore le genre de délit que vous impute le Marquis de Créquy ; les motifs qui le font agir ne font pas de ceux que l'on peut prévoir & combattre d'avance ; vous devez vous foumettre aux loix du nouveau champ clos où il defcend avec vous.

A

Obéiffons donc , puifqu'il le faut , à des formes que je fui-
vrai pour la premiere fois de ma vie ; mais fi le Marquis de
Créquy s'eft permis de brifer les entraves que la marche lente
des procédures met au dénouement des procès ; s'il a cru devoir expofer à fa maniere la conduite qu'il a tenue avant de
rendre plainte contre moi , je ne puis me perfuader qu'il y ait
des loix qui m'empêchent de lui répondre au moins fur le
point qu'il a traité. Je ferois indigne du nom que je porte
& que je défends , fi j'étois infenfible aux reproches qui blef-
fent ma délicateffe & mon honneur.

Le premier devoir de quiconque entreprend un expofé de
faits , eft de n'en cacher aucun. Le Marquis de Créquy annonce
dans le titre même du fien , l'analyfe *de la conduite qui a précédé fa plainte criminelle* ; pourquoi donc ne s'eft-il pas reporté
au-delà de 1773 , temps où j'ai eu l'honneur de monter dans
les carroffes du Roi ? Il fembleroit que je n'euffe commencé
à être connu de lui fous le nom de Créquy qu'à cette époque ;
je le fuis cependant de lui & de toute la maifon de Créquy
depuis environ 1755. J'ai porté publiquement, de leur aveu,
en vertu de mes titres , le nom de Créquy. Devoit-il retran-
cher cette partie de faits effentielle à notre caufe ? Mettons
plus de loyauté dans notre marche ; je m'engage à dire tout
ce qui lui paroît être contre moi; mais le Marquis de Créquy
a mauvaife grace de taire des faits connus particuliérement
de lui & que pas un homme de qualité n'ignore.

Les Créquy prirent , dans les fiecles les plus reculés , *un
Créquier* pour armes. En Artois, qui eft le berceau de leur
Maifon, on appelle créquier un petit arbriffeau particulier au
climat. Ces armes font parlantes & indiquent néceffairement
le nom de celui qui les porte ; mes ancêtres en étoient
en poffeffion ; ils changeoient feulement les couleurs

prenant de gueules au créquier d'argent , au lieu d'or au créquier de gueules. Ils avoient auffi confervé fur la premiere feuille de leur créquier un petit écuffon , en fouvenir d'une alliance qu'ils avoient faite anciennement. Ce changement dans les émaux n'apportoit aucune altération dans les armes. On fçait que les puînés fe font long-temps diftingués des aînés par la feule différence des couleurs. La Maifon de Créquy en fournit elle-même plufieurs exemples. Un Enguerand de Créquy , dit le Begue , qui vivoit en 1364, prit le créquier de fable ; & les Créquy de Rebretingue , qui vivoient en 1376 , portoient d'argent au créquier de fynople , à la bordure engrélée de gueules.

Les guerres qui ravagerent l'Artois dans le quinzieme fiecle , les troubles qui en furent la fuite , déterminerent Jean le Jeune , un de mes aïeux , qui , comme je le démontrerai , étoit inconteftablement de la Maifon de Créquy , à quitter l'Artois , alors envahie par les Ducs de Bourgogne , & à paffer en France. Les biens qu'il poffédoit furent pillés & brûlés. La pofition fâcheufe où fe trouvoit fa fortune fixa l'attention du Roi Louis XI. Je poffede encore aujourd'hui les Lettres-Patentes qui atteftent ces faits.

Jean le Jeune , dépouillé de fes biens & de fes titres , fixa donc fon féjour à Tours , le Roi faifoit alors fa réfidence au Pleffis-les-Tours. On l'y connut fous le feul furnom de le Jeune ; mais il n'en conferva pas moins les armes des Créquy qui lui appartenoient. Ses defcendans ont enfuite transféré leur domicile en Anjou où ils ont ajouté à leur furnom celui de la Furjonniere , nom d'une Terre que l'une de leurs femmes leur avoit apportée en mariage.

Ils adopterent fous Henry III le nom de Bonneveau , qui fut porté fucceffivement par plufieurs d'entr'eux.

A ij

Le premier, qu'Henri IV appelloit ordinairement le Capitaine Bonnevau, étoit Chevalier de l'Ordre du Roi, Gentilhomme ordinaire de fa Chambre, Gouverneur pour le Roi des Ville & Châte.u des Ponts-de-Cé, & Meftre de Camp d'un Régiment d'Infanterie. Il s'étoit attaché d'abord au Prince de Condé, puis étoit paffé au fervice du Roi de Navarre. Il combattit fous les yeux de ce Prince aux journées de Mirambeau, de Coutras, d'Ivry, de Fontaine-Françoife, fit le fiege de Rouen, & s'empara des Place & Château de Bourdon en Auvergne; auffi obtint-il d'un Prince qui fçavoit recompenfer le courage, la permiffion de fortifier fon Château de la Furjonniere, un droit de chauffage dans la forêt de Beaufort, & mérita la faveur finguliere d'approcher fa perfonne en qualité de l'un des feize Gentilshommes de fa Chambre.

Sa defcendance fe maintînt affez long-temps dans ces poftes honorables. Jacques le Jeune, fon fils, connu également fous le nom de Capitaine Bonnevau, titre précieux pour lui, fut Gentilhomme ordinaire de la Chambre du Roi, Lieutenant de fa Vennerie, Capitaine de cent hommes dans le Régiment de Navarre, & fuivant les Mémoires de fon temps, aimé de Louis XIII, qui lui accorda une penfion de 2000 livres le 7 Mai 1618, en confidération de fes fervices. Il chargea par fon teftament du 24 Décembre 1628, *le fieur Bourlon, fon ami, de préfenter au Roi fa vieille arquebufe, de laquelle il avoit eu l'honneur de fe fervir en la préfence de Sa Majefté, la fuppliant de l'avoir agréable, de fe fouvenir de fes fervices, & de vouloir gratifier fon frere de fes Charges.* Son épitaphe, placée dans le Chœur de l'Eglife de Saumur à côté de celle du Capitaine Bonnevau fon pere, annonce le haut dégré de confidération dans lequel ils étoient alors: on y voit gravées les armes de la Maifon de Créquy, telles que ma branche les a toujours portées.

Trois de ſes neveux ſervirent avec diſtinction dans l'Artillerie, & furent nommés Lieutenans Généraux à la promotion de 1703, lors de la réforme des Offices d'Artillerie.

Pierre le Jeune, mon aïeul, reçut ordre en 1704, étant alors Commiſſaire Provincial & Major Général d'Artillerie, de ſe rendre aux Sables d'Olonne pour y commander l'Artillerie à la place de ſon oncle. Il fut fait Chevalier de Saint Louis, & Lieutenant du Grand-Maître de l'Artillerie en 1706. Il mourut la même année des ſuites d'une bleſſure qu'il avoit reçue au ſiege de Barcelone.

Mon pere, ſon ſeul fils, n'étoit alors âgé que de trois ans ; il entra au ſervice dès qu'il fut en état de porter les armes : mais la néceſſité de rétablir ſa fortune, altérée par une longue tutelle, ne lui permit pas d'y reſter plus long-temps. Il a eu de ſon mariage avec la demoiſelle de Neuville, fille du Baron de Neuville, quatorze enfans, dont je ſuis l'aîné.

Obligé de pourvoir à l'établiſſement de dix fils & de quatre filles, il ſentit avec douleur l'inſuffiſance de ſes moyens, crut pouvoir recourir aux bontés du Roi & ſolliciter des places dans ces établiſſemens honorables, monumens de la bienfaiſance de nos Rois, & de la protection qu'ils ont toujours accordée à la Nobleſſe peu avantagée de la fortune.

Il ne pouvoit faire entrer ſes fils à l'Ecole Militaire & ſes filles à Saint-Cyr, ſans réunir les titres qui juſtifioient de ſa Nobleſſe. Il trouva, en parcourant ceux qui étoient échappés aux injures des temps & aux ravages de la guerre, deux pieces originales, revêtues de tous les caracteres de l'authenticité, qui établiſſoient de la maniere la plus poſitive & ſa Nobleſſe d'extraction, & ſon origine de la Maiſon de Créquy.

Ces deux pieces ſont des enquêtes juridiques faites en vertu de Jugemens interlocutoires rendus à l'occafion des difficultés que Jean le Jeune, celui qui vers l'an 1478 quitta l'Artois pour fe fixer à Tours, avoit éprouvées de la part des Prépofés à la perception des droits auxquels les feuls roturiers font fujets. Privé de fes titres, qui avoient eu le même fort que fes biens; hors d'état de les retrouver dans les dépôts publics de l'Artois, puifqu'ils avoient eux-mêmes été pillés, il eut recours à la voie ufitée alors dans toutes fortes de matieres, c'eft à-dire à la preuve teftimoniale. On fçait que jufqu'à l'Ordonnance de Moulins elle fervit à conftater les conventions des hommes, & fouvent leur état.

Dans ces deux enquêtes, faites à Paris en vertu de Commiffions rogatoires en 1478 & 1485, plufieurs témoins déclarent que *Taffard ou Euftache le Jeune, pere de Jean le Jeune, étoit noble & extrait de noble lignée, demeurant à Ambricourt au Comté de Saint-Paul en Artois, à deux lieues de Créquy, tenant fief & fourbannies noblement & comme Gentilhomme menant chiens & oifeaux pour fervir leur Prince en leurs guerres & armées, & ayant été à la bataille d'Azincourt;* ils ajoutent qu'*on appelloit alors Ambricourt le village des Nobles Hommes, & qu'il n'y avoit demourants que Gentilshommes.*

Cinq des témoins entendus dans la premiere des enquêtes, du nombre defquels font un ancien Maïeur d'Arras & un Eccléfiaftique alors Maître-ès-Arts & Bachelier en Decret, natif de Créquy, certifient & affirment pour vérité que Jean le Jeune *étoit extrait de noble lignée de par pere & mere, & iffu de par pere de ceux de Créquy, dont il porte encore de préfent les armes, fors qu'il y a différence de couleurs.* Un des témoins de la feconde enquête *dépofe auffi par ferment, qu'il a vu le frere dudit Jehan porter* armes qu'on difoit être dépendantes des

*armes*de *l'Oſtel de Créquy*, *qui eſt des nobles maiſons de Picardie.*

Enfin ces enquêtes prouvent que *Jean le Jeune* ÉTOIT NATIF
D'AMBRICOURT , *où les témoins l'avoient , vu demourer en
l'Oſtel d'Euſtaſce ſon pere*; *qu'on l'avoit vu ſuivre les guerres
& armées du Roi , ſous & en la Compagnie de Monſeigneur de
Beaujeu , avec lequel icelui Ecuyer avoit demouré par l'eſpace
de quinze à ſeize ans ou environ ; & meſmement depuis le treſpas
de Monſeigneur le Duc d'Orléans , avec lequel il avoit demouré
par l'eſpace de quatre à cinq ans.*

Les bornes que l'on a preſcrites à mes réponſes ne me per-
mettent pas d'entrer dans l'examen des circonſtances qui ſe
réuniſſent pour donner de l'authenticité à ces deux enquêtes.
Je me contente en ce moment d'obſerver qu'elles furent ſui-
vies de deux Sentences contradictoires, rendues les 17 Novembre 1478 & 7 Juillet 1486, en faveur de Jean le jeune,
contre ceux qui lui avoient conteſté ſa nobleſſe ; elles ont
été produites depuis, lors des recherches faites contre les
uſurpateurs de la nobleſſe, ſans qu'on ait même tenté d'en
révoquer en doute la véracité & l'exactitude.

L'ancienneté de ces titres, leur forme probante, l'analogie
des faits qu'ils révéloient à mon pere, avec les idées qui
naiſſoient de la ſimilitude parfaite qu'ont nos armes avec celles
de Créquy, firent naître dans le cœur d'un pere de famille ;
tendrement attaché à ſes enfans, l'eſpoir de rendre à ſa Maiſon
ſon premier luſtre; convaincu que les droits du ſang ne ſe
preſcrivent jamais, & qu'un rameau, pour être loin de ſa
ſouche, n'y correſpond pas moins immédiatement ; il s'atta-
cha à connoître le chef de la Maiſon de Créquy. Inſtruit que
ce titre appartenoit au Marquis de Créquy, Lieutenant Général des armées du Roi, & Grand-Croix de l'Ordre de Saint

Louis; il lui députa fon fils puîné, alors Docteur de Sorbonne, avec les titres qui lui prouvoient les liaifons qu'il avoit avec lui.

Le Marquis de Créquy reçut l'Abbé de Créquy avec cette bonté d'ame & cette franchife qui conviennent fi bien aux defcendans des anciens Chevaliers François ; il l'écouta avec intérêt , & après avoir examiné les titres qu'on lui préfentoit, il en parut fatisfait. Il avoua même que *Madame la Princeffe de Rache , fille de Madame de Créquy Frohan , qui avoit fait les recherches les plus fcrupuleufes fur la généalogie des Créquy, lui avoit marqué qu'il exiftoit en Anjou une branche de fa Maifon, connue fous le nom de le Jeune.* Il a depuis réitéré cet aveu dans une reconnoiffance donnée le 8 Mai 1765 , que je produirai inceffamment fous les yeux de nos Juges.

Le Marquis de Créquy commença dès ce moment à traiter l'Abbé de la Furjonniere, mon frere , comme fon parent ; il le retint auprès de lui , le préfenta à fes amis fous le nom d'Abbé de Créquy, & lorfque l'inftant de fon départ fut arrivé , il l'engagea à revenir le voir, l'affurant de l'intérêt qu'il prendroit toujours à tout ce qui pourroit lui appartenir. Nous reprimes donc le nom de Créquy , du confentement du chef des nom & armes de cette Maifon.

Quelques années après , Madame la Maréchale de Montmorency , à laquelle nous avions l'honneur d'appartenir, & qui s'intéreffoit particulierement à nous , engagea l'Abbé de Créquy, mon frere , à venir à Paris. Il y vint en effet ; Madame la Maréchale le préfenta à la Marquife de Créquy Hemon , mere de mon adverfaire, comme étant de fa Maifon. L'Abbé de Créquy reçut, dans cette premiere entrevue, un accueil favorable. La Marquife de Créquy Hemon remercia Madame la Maréchale de l'intérêt qu'elle prenoit à lui , & la pria de le lui continuer ; mais la Marquife de Créquy Hemon ne refta

par

pas long-temps dans ces bonnes difpofitions. L'Abbé de Créquy, dès la feconde vifite qu'il eut l'honneur de lui rendre, s'apperçut du changement, & bientôt elle lui annonça qu'elle ne le connoiffoit point pour être de la Maifon de Créquy ; qu'elle le forceroit, lui, fon pere & fes freres, à quitter ce nom ; qu'elle alloit même écrire au Marquis de Créquy, Lieutenant Général, aîné de la Maifon, pour les obliger à renoncer à cette prétention.

Elle s'adreffa en effet au Marquis de Créquy, elle nous peignir à fes yeux comme des avanturiers qui vouloient ufurper fon nom. Les plaintes de la Marquife de Créquy Hemon ébranlerent dans le premier inftant le Marquis de Créquy, qui, pour diffiper fes doutes, écrivit au fieur d'Hozier. Dans fa lettre que je crois devoir rapporter, & qu'il m'a communiquée depuis, il convient qu'*un Créquy a porté le nom de le Jeune ;* & rendant à notre délicateffe l'hommage qui lui étoit dû, il témoigne l'intention où il eft de nous reconnoître, *après que le fieur d'Hozier aura tout examiné.*

» Je me trouve, Monfieur, forcé, d'avoir recours à vous, » *comme étant le chef de la famille.* M. de la Furjoniere, Gen-» tilhomme d'Anjou, demeurant à une lieue de la Fleche, » s'eft avifé, depuis quatre ou cinq ans, de faire porter mon » nom à tous fes enfans ; il eft vrai qu'il a ajouté à Créquy » *le mot de le jeune. Je fais qu'un Créquy a porté ce nom,* & je » ne comprends pas, après des fiecles, comment M. de la » Furjoniere peut avoir le droit de faire porter ce nom qu'il » ne portoit pas. Les Généalogies ne difent rien qui puiffe re-» garder cette prétendue branche. Son fils qui eft Docteur, » lequel demeure à la Communauté de Saint Sulpice, s'eft » *noviffime* préfenté comme tel, & vient d'avoir une penfion.

» *Vous m'obligerez infiniment de m'indiquer la route que je dois*
» *tenir pour obliger M. de la Furjonniere à prouver ses titres.* Je
» sais que ce sont gens de mérite, & je serai le premier à
» leur rendre justice, quand vous aurez tout examiné. J'ai
» l'honneur d'être, Monsieur, votre très-humble & très-obeis-
» sant serviteur. *Signé* DE CRÉQUY, *Lieutenant Général.*

Rien n'égale l'activité avec laquelle la Marquise de Créquy pressoit cette vérification, elle ne s'en rapporta pas au Marquis de Créquy son oncle, elle s'assura par elle-même s'il avoit écrit au sieur d'Hozier.

« Je supplie M. d'Hozier de me mander s'il a reçu la lettre
» que M. le Marquis de Créquy, demeurant à Poitiers, lui
» a dû écrire au sujet de M. de la Furjonniere. Comme il m'a
» mandé l'avoir fait, je suis bien aise de m'en instruire ; la
» voie de la petite Poste est suffisante pour cela, rien n'étant
» moins pressé. *Signé* la Marquise DE CRÉQUY ».

Le sieur d'Hozier lui fit réponse, & pour la tranquilliser sur ses doutes lui envoya copie de celle qu'il avoit adressée au Marquis de Créquy. La Marquise de Créquy ne borna pas là ses démarches, elle fit bientôt passer au sieur d'Hozier un Mémoire destiné à combattre nos titres & à nous enlever, s'il eût été possible, le nom que nous avions repris. L'envoi de ce Mémoire est encore constaté par un billet écrit en entier de la main de la Marquise de Créquy.

« J'envoie à M. d'Hozier un Mémoire que mes affaires &
» ma mauvaise santé m'ont empêché de lui porter plutôt ; j'ai
» toujours remis, espérant aller moi-même, mais ma santé
» est si délicate, & il demeure si loin, que sachant la démar-
» che de M. l'Abbé de la Furjoniere, je ne diffère plus.

» Si M. d'Hozier veut bien faire faire une copie dudit
» Mémoire, on l'ira prendre quand il le dira, cela n'est pas

» preſſé , mais je ſerai bien aiſe de le ravoir. *Ce 29* ».

Mon pere fut informé de ce qui ſe paſſoit, il apprit que le Marquis de Créquy avoit écrit au ſieur d'Hozier , & qu'il deſiroit faire vérifier ſes titres. Mon pere n'avoit fait les premieres démarches auprès du Marquis de Créquy qu'après s'être rendu certain de l'authenticité de ſes pieces ; il les fit paſſer ſur le champ au ſieur d'Hozier. Raſſuré par ſes lumieres & ſon intégrité reconnues , il attendit avec patience le réſultat de ſes recherches & de ſon travail.

Le ſieur d'Hozier avoit été prévenu par la Marquiſe de Créquy ; ſur le premier expoſé qu'elle lui avoit fait de notre pré-tention , il l'avoit aſſurée, à ce qu'elle prétend, ne point con-noître de branches de Créquy qui euſſent droit d'en prendre le nom. Il n'avoit alors aucune connoiſſance de nos titres , & il n'eſt pas étonnant que nous lui ayons été inconnus ſous un nom que nous ne portions pas depuis trois cens ans. Un examen ſérieux & réfléchi le fit bientôt revenir de ſa prévention ; convaincu de la légitimité de nos droits il les atteſta au Marquis de Cré-quy , donna une ſatisfaction entiere au ſieur de la Furjoniere mon pere , & s'engagea , par la lettre qu'il lui écrivit , & que je vais rapporter , *à détromper la Marquiſe de Créquy Hemon* ſur le Mémoire qu'elle lui avoit envoyé.

« J'ai remis , Monſieur , à MM. vos fils une lettre pour M. le » Marquis de Créquy , auquel je n'ai pu laiſſer ignorer tout » ce que m'a appris de favorable la production que vous » avez faite devant moi : il en ſera ſans doute auſſi ſurpris » que je l'ai été moi-même. J'ai donné à M. l'Abbé une copie » de cette lettre , qu'il vous aura ſans doute communiquée : » ainſi je ne répéterai point ici ce qu'elle contient. J'attends » la réponſe ; en conſéquence de quoi je verrai Madame de » Créquy , pour la détromper ſur le Mémoire qu'elle m'a en-» voyé.

B ij

» Ne doutez pas de toute mon attention pour une affaire
» qui vous intéreſſe , non plus que des ſentimens reſpectueux
» avec leſquels je ſuis, Monſieur, votre très-humble & très-
» obéiſſant ſerviteur. *Signé* D'HOZIER ».

Le ſieur d'Hozier envoya en même tems ſes obſervations au
Marquis de Créquy, & lui annonça un ouvrage plus détaillé,
dans lequel il raſſembleroit *les filiations, ſervices & titres d'honneur de notre branche*, dont il ſe propoſoit de faire mention dans
le huitieme volume des regiſtres de la Nobleſſe de France.

« J'ai bien compris que vous aviez différé de répondre a la
» lettre que j'eus l'honneur de vous écrire le 3 Mars dernier,
» juſqu'à ce que je vous euſſe fait part de toutes mes obſerva-
» tions ſur ce qui regarde l'affaire de M. de la Furjonniere,
» ainſi que je vous l'avois annoncé. Il ne m'a pas été poſſible
» de tenir plutôt mon engagement, attendu le grand nombre
» de mes affaires publiques , & la multiplicité des actes fournis
» en original par M. de la Furjonniere, dont l'examen, la lec-
» ture & les extraits ont mérité toute mon attention & celle
» de M. de Serigny, mon fils & mon ſucceſſeur ; en conſé-
» quence, Monſieur, je joins ici mes obſervations promiſes,
» en attendant le détail général de toutes les filiations, ſervices
» & titres d'honneur dont il ſera fait mention dans le 8e vo-
» lume des regiſtres de la Nobleſſe de France. Je ſuis avec
» reſpect, Monſieur, votre, &c. *Signé* D'HOZIER ».

Mon pere crut devoir lui témoigner ſes remerciemens des
ſoins qu'il avoit pris dans une affaire d'un auſſi grand intérêt
pour nous : ſa réponſe eut achevé de diſſiper ſes craintes, s'il
lui en fût encore reſté quelques-unes.

« Des affaires perſonnelles, Monſieur, ne m'ont pas permis
» de répondre plutôt à la lettre que vous m'avez fait l'hon-
» neur de m'écrire. Vous ne me devez aucun remerciement

» pour le travail auquel j'ai donné mes foins : j'ai cru devoir
» décider la queftion en votre faveur, parce qu'il me paroît
» qu'elle auroit été jugée de même *dans tous les Tribunaux*
» où l'on auroit porté la difcuffion de cette affaire. Je fou-
» haite fincérement, Monfieur, qu'il en réfulte quelque avan-
» tage pour MM. vos fils, à la fortune defquels je ferois très-
» aife d'avoir pu contribuer : leur amitié me flatte trop pour ne
» pas la cultiver. Je vous demande également la vôtre, &
» vous prie de recevoir les affurances de l'attachement fin-
» cere avec lequel j'ai l'honneur d'être, Monfieur, votre très-
» humble & très-obéiffant ferviteur. *Signé* D'HOZIER DE
» SERIGNY ».

Ce fut dans cet inftant que le Marquis de Créquy Hemon fe
montra pour la premiere fois : il configna dans un Mémoire très-
détaillé les moyens qu'il avoit cru pouvoir employer contre
nous. Ce Mémoire fut envoyé au fieur d'Hozier, qui, après un
travail férieux & fuivi, & l'examen approfondi de nos titres, ne
pouvant douter que nous ne defcendiffions des Créquy, voulut
bien former notre généalogie. Elle porte pour titre : *Généalogie
des Seigneurs de la Furjonniere, du furnom de le Jeune en Artois
& en Anjou, branche de la Maifon de Créquy.* Elle eft certifiée
véritable en ces termes : *Vue, vérifiée & certifiée véritable par
nous Antoine-Marie d'Hozier de Serigny, Chevalier, Juge
d'Armes de la Nobleffe de France en furvivance. A Paris, le
Samedi 24 Octobre 1761.* Nous défirâmes que la premiere
copie fût remife au Marquis de Créquy, oncle de mon Adverfaire, & alors regardé comme chef du nom & des armes, &
qu'elle lui fût envoyée par le fieur d'Hozier. Ce dernier voulut bien fe prêter à ce que nous fouhaitions de lui, & la lui fit
parvenir avec la lettre qui fuit.

« Le travail auquel je me fuis livré pour approfondir la
» vérité & l'authenticité des titres qui pouvoient autorifer Mef-

» fieurs de la Furjonniere à porter le nom de Créquy, comme
» l'une des branches de votre Maifon ne m'ayant pas permis
» de douter qu'ils n'en fuffent defcendus, j'ai formé fur les
» pieces originales, leur généalogie, que j'ai revêtue de mon
» feing & de mon fceau pour les tranquillifer fur quelques
» doutes que l'on avoit voulu élever au contraire. Cet ouvrage
» fini, j'ai été le premier à leur confeiller de vous en donner
» connoiffance comme l'aîné de la Maifon, perfuadé que lorf-
» que vous l'auriez prife, vous feriez auffi convaincu que moi
» de la réalité de ce qu'elle contient, & que vous vous feriez
» un vrai plaifir de reconnoître cette branche de votre nom,
» qui d'ailleurs n'a jamais démenti un fang auffi illuftre que le
» vôtre. Ces Meffieurs ayant defiré, Monfieur, que j'euffe
» l'honneur de vous adreffer directement cette généalogie,
» je l'ai fait d'autant plus volontiers que cela me met à portée
» de vous répéter en particulier ce que j'en penfe. Je fuis avec
» refpect, Monfieur, votre très-humble & très-obéiffant fer-
» viteur, *Signé* D'HOZIER DE SERIGNY.

Je m'arrête un inftant fur cette premiere partie des faits
qu'il m'importoit de rendre publics; j'ofe croire qu'il n'en n'eft
pas un feul que je n'aie appuyé des preuves les plus fatisfai-
fantes. La décifion du fieur d'Hozier n'eft-elle pas devenue
entre nous un jugement auquel toutes les Parties devoient
acquiefcer? Mon pere avoit fait, avant tout, communiquer
fes titres au Marquis de Créquy, chef du nom & des armes
de la Maifon. Il en avoit été reconnu. La branche des Créquy-
Hemon fait naître enfuite des doutes dans l'efprit du Marquis
de Créquy. On defire que le fieur d'Hozier examine nos titres:
nous y confentons. Ils font remis au fieur d'Hozier à l'inftant.
Quoique nous fçuffions de la Marquife de Créquy-Hemon que
le fieur d'Hozier l'avoit affurée d'abord ne point connoître de
branche de Créquy qui euffent droit d'en prendre le nom,

la Marquife de Créquy lui envoie un Mémoire. Le Marquis de Créquy - Hemon, aujourd'hui mon adverfaire, lui en fait paffer un fecond. Le fieur d'Hozier eft établi Juge de la validité de nos titres. Il apporte à fon examen le foin le plus fcrupuleux & prononce fans héfiter en notre faveur. Il affure *qu'il a décidé ainfi la queftion, parce qu'il lui paroît qu'elle auroit été jugée de même dans tous les Tribunaux où l'on auroit porté la difcuffion de cette affaire.* Sied-il bien aujourd'hui au Marquis de Créquy-Hemon de me faire un crime de ce que je prends un nom qui eft jugé m'appartenir par celui à qui la famille entiere des Créquy s'en eft rapportée. La bonne foi qui a accompagné jufqu'à préfent toutes mes démarches, ma franchife, ma loyauté ne devoient-elles pas me garantir à jamais d'une plainte réfervée à la pourfuite du crime? Ne devoient-elles pas éloigner de moi des foupçons que l'on jette fur mon exiftence, & qui deviennent plus dangereux encore quand on les affaifonne de ces réticences meurtrieres mille fois pires qu'une accufation ouverte.

Pourfuivons, & ne perdons jamais de vue que j'ai à répondre *à un Expofé*, dont l'objet eft de juftifier la conduite du Marquis de Créquy à mon égard.

Les procédés du Marquis de Créquy, fon oncle, ont été bien différens des fiens: il accufe ce vertueux vieillard d'une complaifance déplacée pour moi: il attribue à la foibleffe, compagne d'un grand âge, les témoignages précieux qu'il m'a laiffés de fon amour pour la vérité. Je ne releverai point l'indécence d'une pareille accufation; mais je n'en publierai pas moins tout ce qu'il a fait pour nous. Je dois à fa mémoire de le préfenter recevant notre généalogie, que lui avoit adreffée le fieur d'Hozier; fe reprochant les doutes qu'on lui avoit infpirés fur l'authenticité de nos titres; nous plaignant des démarches qu'il nous avoit fait faire ; nous recevant dans son sein ; reconnoissant une branche négligée, qui va conserver & rajeûnir le tronc ancien d'un arbre précieux, & nous donnant par écrit le témoignage de la reconnoissance formelle qu'il faisoit de nous. Le Marquis de Créquy, Lieutenant Général, avouant pour ses parens un pere de famille sans fortune, & ses quatorze enfans, n'est-il pas aussi grand que le Marquis de Créquy Hemon, voulant, vingt-quatre ans après, livrer cette Maison entiere à l'oppropre & à l'ignominie ?

« Nous soussignés Lieutenant Général des Armées du Roi,
» Commandeur de l'Ordre Royal & Militaire de Saint-Louis,
» Cordon rouge, Gouverneur de Domes, Seigneur de la
» Vicomté de Gençaye, &c.

« Avons examiné la généalogie de Messieurs le Jeune de la
» Furjonniere, en Anjou, dressée par M. d'Hozier de Serigny,
» Juge d'Armes en survivance de la Noblesse de France. Deux
» Enquêtes du 26 Octobre 1478, & du 14 Novembre 1485,
» qui lui ont été produites en original, ont particulierement
» fixé notre attention. Cinq témoins du pays d'Artois *certifient* dans la premiere, (celle de 1478) & affirment pour
» vérité, que Jehan *le Jeune*, (second Auteur connu desdits
» Seigneurs de la Furjonniere,) *est extrait de noble lignée*
» *de par pere & mere, & issu de par pere de ceux de Créquy,*
» *dont ils portent encore de présent les armes*, fors qu'il y a différence de couleur ; & un des témoins, dans la seconde,
» (celle de 1485,) dépose par serment, *qu'il a vu le frere dudit*
» *Jehan porter armes, que on disoit être dépendans des armes*
» *de l'Hôtel de Créquy, qui est des Nobles de Picardie.* Des
» témoignages aussi juridiques & authentiques ne nous laissent
» aucun doute sur l'origine des Seigneurs de la Furjonniere ; &
» la

» la découverte de cette origine , se rapportant à ce que la
» *Princesse douairiere de Rache,* (N. *de Créquy Canaples , veuve*
» *de Jean Joseph, de Berghes, Prince de Rache,*) *nous écri-*
» *voit lorsqu'elle étoit occupée à faire des recherches sur sa Maison,*
» *qu'il y avoit en Anjou une branche du surnom de* LE JEUNE.
» Nous nous croyons obligés, par justice, & pour rendre hom-
» mage à la vérité, de reconnoître Messieurs le Jeune de la Fur-
» jonniere pour former originairement une *branche de notre*
» *Maison,* & pour être très en droit d'en *reprendre le nom* ; &
» nous le reconnoissons avec d'autant plus de satisfaction , que
» leurs ancêtres ont toujours servi les Rois avec distinction ,
» se sont rendus dignes de leurs bonnes graces & de leurs bien-
» faits ; ont occupé des places considérables, soit à la Cour ,
» soit dans le service militaire , & ont contracté de bonnes
» alliances. En foi de quoi nous avons signé cet acte , pour
» servir à Messieurs le Jeune de la Furjonniere , & nous y avons
» apposé le cachet de nos armes. Fait à Gençaye ce 8 Mai 1765.

Approuvé l'écriture ci-dessus, & signé JACQUES CHARLES
Marquis DE CRÉQUY.

- Le Marquis de Créquy , Lieutenant Général , fit plus : il
crut devoir instruire son neveu de la résolution qu'il avoit prise.
La lettre qu'il lui adressa à ce sujet est conçue en ces termes :

« Je vous envoie, Monsieur , la lettre en original de M.
» d'Hozier de Serigny. Si j'avois imaginé pouvoir être utile à
» MM. de Créquy de la Furjonniere , après l'examen de leurs
» titres , je les aurois reconnus comme formant une branche de
» ma maison, qui nous fait honneur. La lettre de M. de Serigny
» me détermine à les reconnoître comme je fais. Je serois fort
» aise de vous sçavoir en bonne intelligence avec des personnes
» qui portent notre nom, & qui peuvent le porter de droit. Je
» connois l'aîné, qui m'a paru aimable. Vous sçavez, Monsieur ,

» les fentimens avec lefque's j'ai l'honneur d'être votre très-
» humble & très-obéiffant ferviteur, *figné* DE CREQUY.

» Mes refpects à Madame de Créquy.

La branche des le Jeune de la Furjonniere étant reconnue
pour être de la Maifon de Créquy , devoit defirer jouir des
prérogatives que le Marquis de Créquy, chef du nom & des
armes , avoit accordées à fes cadets. Lui-même nous avoit
déja exhortés, ainfi qu'il le déclare dans un acte authentique,
paffé devant Notaires, que je rapporterai dans un inftant , à
nous faire comprendre fous l'article de la maifon de Créquy ,
dans le fupplément de l'Hiftoire des Grands Officiers de la
Couronne. Il ne voulut pas que nous fuffions les feuls de la
Maifon de Créquy qui euffions les armes brifées : il nous permit
donc de porter les armes pleines , & de reprendre les couleurs
que nous avions changées.

« Pardevant les Notaires de la Vicomté de Gençay , fouffi-
» gnés , fut préfent très-haut & très-puiffant Seigneur Monfei-
» gneur Jacques , Marquis *de Créquy* , *chef des noms & armes*
» *de fa Maifon*, Lieutenant Général des armées du Roi , Grand-
» Croix de l'Ordre Royal & Militaire de Saint Louis , Gouver-
» neur de la ville & Château de Domme , Chambellan de
» Monfeigneur le Duc d'Orléans , premier Prince du Sang ,
» demeurant ordinairement à Paris au Palais Royal, & à préfent
» en fon Château de la Roche-Gençay , paroiffe de Magné , en
» Poitou.

» Lequel dit Seigneur a déclaré que comme il eut ci-devant
» à *la réquifition des Cadets de fa Maifon* , & par le confeil de
» M. le Comte d'Argenfon , Miniftre de la Guerre, fon parent,
» prié le fieur de Serigny , Juge d'armes de la Nobleffe de
» France en furvivance, *d'examiner les titres de Meffieurs de*
» *Créquy du furnom* de Lejeune , Seigneurs de la Furjonniere en

» Anjou, qui de leur côté les avoient déjà fait vérifier par le
» Généalogiste des ordres du Roi, ledit fieur de Serigny ayant
» jugé que lefdits Seigneurs *de la Furjonniere étoient de la Maifon*
» *de Créquy , ce qu'ils prouverent par des titres authentiques &*
» inconteftables, dont il lui avoit même envoyé les extraits
» certifiés véritables de fa main , après avoir encore examiné,
» fait examiner & rapprocher de fes propres titres lefdits ex-
» traits , & pris tous les moyens poffibles pour s'affurer de la
» vérité, & s'être ainfi convaincu que lefdits Seigneurs de la
» Furjonniere portoient *à jufte titre le nom de Créquy , comme*
» *formant une branche de fa Maifon,* dont il avoit déjà trouvé les
» traces , & les avoit exhortés alors de fe faire comprendre fous
» l'article de la maifon de Créquy , dans le Supplément de
» l'Hiftoire des grands Officiers de la Couronne, confidérant
» aujourd'hui que lefdits Seigneurs de la Furjonniere *feroient les*
» *feuls du nom de Créquy* qui en portaffent encore les armes
» brifées, tous les autres cadets lui ayant demandé fon confen-
» tement pour reprendre les armes pleines qu'ils portoient auffi
» ci-devant brifées, foit par la différence des hemaux , foit par
» l'addition de quelques pieces étrangeres ; voulant ledit Sei-
» gneur Marquis de Créquy qu'il n'y ait pas plus de différence
» entre lui & lefdits Seigneurs de la Furjonniere qu'entre fes
» autres cadets ; il a confenti & permet que lefdits Seigneurs de
» la Furjonniere reprennent également les armes pleines de fa
» Maifon, fans aucune brifure, duquel confentement il a voulu
» leur être donné acte, & du préfent délivré les expéditions
» requifes pour leur valoir & fervir en temps & lieu , dont du
» tout ledit Seigneur Marquis de Créquy a requis acte , qui lui
» a par nous dits Notaires été octroyé. Fait & paffé au Château
» de la Roche-Gençay , paroiffe de Magné en Poitou, le 1er du
» mois de Septembre 1765 , après midi , lu , & a ledit Seigneur

» Marquis de Créquy figné. La minute des préfentes eft fignée
» Jacques-Charles, Marquis de Créquy, & des Notaires fouf-
» fignés, demeurée à Petit, l'un d'iceux, contrôlée à Gençay
» le 1ᵉʳ Septembre 1765, par Petit, qui a reçu les droits.

  Signé AUDINET & P. PETIT, Notaires, avec paraphe.

» Nous René-Amable-Vincent de la Rivardiere, Confeiller
» du Roi, Juge, Magiftrat, Lieutenant particulier & Affeffeur
» civil en la Sénéchauffée & Siége Préfidial de Poitou, y fai-
» fant les fonctions de Lieutenant Général, certifions à tous
» qu'il appartiendra, que les fignatures ci-deffus font véritable-
» ment celles du fieur Petit, ci-devant Notaire de la Vicomté
» de Gençay, & à préfent Notaire Royal ès Sénéchauffées de
» Poitiers & Civray, à la réfidence dudit Gençay, & celle du
» fieur Audinet, Notaire de ladite Vicomté de Gençay, & que
» foi doit y être ajoutée, en témoin de quoi nous avons figné.
» Donné & fait en notre Hôtel, ce 11 Mars 1774. *Signé* VIN-
» CENT.

Le Marquis de Créquy ne crut d'avoir rien laiffer ignorer à
fon neveu de tout ce qu'il faifoit pour nous. Sa lettre datée du
4 Octobre 1765, contient l'expreffion des fentimens que
nous lui avions infpirés, & une expofition détaillée des motifs
qui l'avoient déterminé à nous reconnoître.

« Je me fuis occupé fucceffivement, Monfieur, & je puis dire
» avec la plus férieufe attention à approfondir les prétentions
» de Meffieurs de Créquy de la Furjonniere, j'ai fait examiner
» les titres originaux en vertu defquels ils ont pris le nom de
» Créquy, & non content de ce qui m'en a été mandé par les
» plus habiles gens que j'ai confultés, je me les fuis fait repré-
» fenter, ainfi que le travail de M. d'Hozier fils à ce fujet ; j'ai
» été fi convaincu de la juftice de leur droit, que je n'ai pas hé-
» fité à les reconnoître pour une branche de notre Maifon, &

» à leur donner à cet égard, avec d'autant plus d'empreſſement,
» toutes les marques de ſatisfaction qu'ils ont pu deſirer, que
» je me ſerois oppoſé à leurs vues avec chaleur ſi je les avois
» jugés mal fondés. Comme Madame votre mere & vous m'avez
» demandé dans le temps, en ma qualité d'aîné de la Maiſon, de
» me joindre à vous pour ſuivre cette affaire, je dois par la
» même raiſon vous inſtruire de ce qui s'eſt paſſé, & de ce que
» j'ai fait, afin que vous vous réuniſſiez à moi pour ſoutenir cette
» branche de notre Maiſon dans toutes ſes prérogatives, ce que
» je ſuis décidé de faire de mon côté autant qu'il dépendra de
» moi & dans toutes les occaſions qui ſe préſenteront. J'ai l'hon-
» neur d'être, &c.

» Pour copie de la lettre que j'ai écrite à M. le Comte de
» Créquy Hémon, Colonel du Régiment du Roi, Dragons.
» *Signé* Marquis de CRÉQUY.

Le Marquis de Créquy fit paſſer à mon pere une copie de
cette lettre, en lui témoignant tout le deſir qu'il avoit de lui
être utile. L'occaſion ne tarda pas à s'en préſenter. J'avois été
réformé Capitaine de Cavalerie. Je déſirois obtenir du ſervice.
Le Marquis de Créquy voulut bien écrire en ma faveur au
Miniſtre & demander pour moi l'agrément d'un Régiment. Je
ne puis encore me diſpenſer de rappeller la réponſe qu'il reçut
de M. le Duc de Choiſeul, elle fera connoître le degré d'intérêt
qu'il avoit mis dans ſa ſollicitation.

« J'ai reçu, Monſieur, la lettre que vous m'avez fait l'hon-
» neur de m'écrire le 22 d'Avril, par laquelle vous demandez
» l'agrément d'un Régiment pour M. le Comte de Crequy de
» la Furjonniere, votre parent, Capitaine de Cavalerie ci-
» devant réformé à la ſuite du Régiment Royal Champagne :
» je ſuis d'autant plus diſpoſé à lui procurer cet avancement,
» qu'indépendamment de ce que cet Officier eſt de votre Mai-

» fon , & conféquemment à portée d'afpirer aux graces parti-
» culierement réfervées aux gens d'une naiffance diftinguée ; les
» témoignages qui me font revenus fur fon compte , me donnent
» lieu de croire qu'il en eft fufceptible par fes qualités perfon-
» nelles ; je vous prie donc d'être perfuadé que j'aurai toute
» l'attention que vous pouvez défirer à le propofer au Roi lorf-
» qu'il vaquera des Régimens , & qu'il ne tiendra pas à moi
» qu'il ne fe reffente bientôt de l'envie que j'ai de vous marquer
» en fa perfonne le fincere attachement avec lequel j'ai l'hon-
» neur d'être, Monfieur , votre très-humble & très-obéiffant
» ferviteur. *Signé* le Duc de CHOISEUL.

Mon frere éprouva également fes bontés, il le recommanda comme fon coufin à M. le Prince de Liftenay , Lieutenant Général de la Marine.

« J'ai un coufin, Monfieur, qui efpere fervir fous vos ordres
» à titre de Garde Pavillon Amiral ; j'ai l'honneur de vous
» demander vos bontés pour lui , & d'avoir celle de le recom-
» mander à quelqu'un ; c'eft un grand fervice à lui rendre ;
» *il s'appelle Créquy.* Vos bontés pour lui , Monfieur, aug-
» menteront ma reconnoiffance. J'ai bien des titres pour
» efpérer pour lui qu'il fe rendra digne de votre amitié , je
» vous la demande, ayant l'honneur d'être, Monfieur , votre
» très-humble & très-obéiffant ferviteur. *Signé* CREQUY ,
» Lieutenant Général ».

Je touche à l'époque trop fâcheufe où la mort m'enleva le Marquis de Créquy, Lieutenant Général des Armées du Roi. Je compris l'étendue de la perte que je faifois ; il étoit pour moi un fecond pere. Si le Marquis de Créquy m'eût attaqué de fon vivant , il eût pris lui-même le foin de ma défenfe ; il me vengeroit des foupçons odieux que l'on veut faire naître fur mon honneur, ou plutôt fa feule préfence eût diffipé jufqu'à l'ombre de la plainte rendue contre moi, me traduire au criminel, parce que j'ai pris un nom dans lequel il m'a confirmé n'eft-ce pas en effet rendre plainte contre lui-même ?

J'ai continué de porter le nom de Créquy ; ce fut auffi celui fous lequel mes freres fe préfenterent à la Cour & à la Ville. Ils l'ont pris dans tous les actes publics & particuliers qu'ils ont paffés. C'eft fous le nom de Créquy que mon frere a été marié avec la demoifelle de Prie, fille du Marquis de Prie & niece du Comte de Prie, Chevalier des Ordres du Roi ; qu'un autre de mes freres a obtenu des bontés du Roi l'Abbaye de Saint Maure, & qu'un troifieme a été nommé à cette même Abbaye après le décès du fecond. C'eft fous le nom de Créquy qu'une de mes fœurs a eu l'Abbaye de Saint-Défir c'eft fous ce nom que mon frere le Chevalier eft entré dans les Pages de la Grande Ecurie, & qu'il fert encore aujourd'hui dans la Marine en qualité de Lieutenant de Vaif-feau. Fût-il jamais une poffeffion plus publique que la nôtre. Le Marquis de Créquy pouvoit-il l'ignorer ? Pourquoi a-t-il gardé le filence pendant vingt-trois ans, ou pourquoi le rompt-il aujourd'hui pour m'accufer de faux & d'impofture.

Ici commence une derniere claffe de faits qui rendra la plainte du Marquis de Créquy bien plus étonnante encore. Je fus préfenté au Roi en 1773. Ma nobleffe étoit affez ancienne en ne me confidérant que comme le Jeune de la Furjonniere pour me faire efpérer que le Roi m'accorderoit l'entrée de fes carroffes. Je remis mes titres au fieur Cherin, il les examina, fit un travail très-confidérable dont il rendit compte au Mi-niftre, & j'obtins des bontés du Roi la faveur à laquelle j'afpi-rois. Je montai dans fes Carroffes & j'eus l'honneur de le fuivre plufieurs fois à la chaffe.

C'eft de cette époque que le Marquis de Créquy eft parti

pour foumettre au Jugement du Public ce qu'il appelle l'expofé de la conduite qui a précédé la plainte criminelle qu'il a rendue.

Je demanderai à tous ceux qui auront lu le récit que je viens de faire de ce qui s'eft paffé entre le Marquis de Créquy Hemon, fa famille & moi depuis 1755, s'il contient des faits étrangers à ma caufe. N'eft il pas évident que fi le Marquis de Créquy Hemon les a tus, c'eft qu'il les a jugés peu avantageux pour la fienne.

Ce fut, comme il l'a dit dans fon expofé, à l'occafion de mon entrée dans les caroffes du Roi, qu'il écrivit au fieur Cherin pour favoir *s'il avoit décidé que je fuffe de la Maifon de Créquy, ou s'il n'avoit rien prononcé fur cet objet.* Le fieur Cherin ayant cru ne pas devoir lui répondre, il fupplia le Roi de lui faire donner communication du certificat du fieur Cherin. Le Roi chargea M. le Duc d'Aumont de le lui faire remettre, & M. le Duc d'Aumont fe procura une copie de la lettre que le fieur Cherin avoit adreffée à M. le Maréchal de Richelieu, en réponfe à celle par laquelle il lui demandoit fon fentiment fur notre origine.

C'eft à cette lettre que s'attache aujourd'hui le Marquis de Créquy. Il me l'oppofe comme contenant une décifion du fieur Cherin, abfolument contraire à ma prétention. Le fieur Cherin, dit-il, a décidé que *la tradition fur l'origine de M. le Jeune de Créquy, de la Maifon de Créquy, avoit près de trois cens ans, mais il a ajouté que la jonction de Jean le Jeune leur chef à la Maifon de Créqui n'étoit point prouvée par titres.* Je ne connois que ce réfultat & je ne veux point voir de titres.

Je crois devoir obferver d'abord que le fieur Cherin écrivoit à M. le Maréchal de Richelieu, entiérement étranger à

l'affaire

l'affaire qui nous divife; fon objet étoit de l'inftruire que les preuves de notre nobleffe remontoient au-delà de 1400, & non pas de pefer le mérite des titres qui nous autorifoient à prendre le nom de Créquy. C'eft fans doute à cette circonftance que l'on doit attribuer l'inexactitude qu'on remarque dans fa lettre, en parlant des deux Enquêtes faites en 1478 & 1485 que je lui avois produites. *Cinq témoins de la première Enquête*, dit-il, *dans cette lettre, dépofent que Jean le Jeune étoit iffu de ceux de Créquy dont il portoit les armes avec différence des couleurs;* mais il a omis les termes les plus effentiels de ces dépofitions; ces cinq témoins *certifient* & affirment pour vérité que Jean le jeune eft extrait de noble lignée de par pere & mere, & iffu DE PAR PERE DE CEUX DE CRÉQUY *dont il porte encore de préfent les armes, fors qu'il y a différence des couleurs.* Je ne puis être iffu de par pere de ceux de Créquy, fans être Créquy; mes auteurs en ont toujours porté les armes; ces armes font parlantes & ne conviennent qu'à un Créquy; enfin je défie que l'on me cite une feule famille en France qui porte les armes de Créquy, fi ce ne font celles qui compofent la maifon de Créquy.

Le fieur Cherin a fi peu entendu prononcer dans cette lettre un jugement contre mes titres, qu'il fe reporte lui-même au Mémoire qu'il avoit fait fur notre généalogie; ce Mémoire a été envoyé par le fieur Cherin en 1774 au Tribunal des Maréchaux de France, où me traduifit alors le Marquis de Créquy. Il me fuffira d'en rapporter ici quelques fragmens pour faire connoître l'impreffion que nos titres ont faite fur le fieur Cherin, lors de fon travail, & qu'elle opinion il en a conçue.

Le fieur Cherin s'attache d'abord à connoître la vérité des différens faits dont les témoins ont parlé dans cette Enquête; il raffemble les titres qui les conftatent & obferve que » d'après la conformité de ces divers faits, on ne peut foupçon-

» ner ni l'exactitude ni la probité des témoins des Enquêtes;
» or, dès-là, on leur doit de la confiance pour les autres
» faits qu'ils ont dépofés, & dont on n'a point encore acquis
» de preuve littérale, *à moins qu'on en ait du contraire*; il a
» été néceffaire pour prononcer cette conformité, de rap-
» porter dans les extraits de ces Enquêtes, des détails étran-
» gers à l'origine de M. le Jeune. Voyons comme ces té-
» moins s'expriment fur ce fait particulier : cinq d'entre ceux
» de la premiere, dépofent que Jean le Jeune eft iffu *par fon*
» *pere de ceux de Créquy*, & qu'il en porte les armes avec
» différence de couleurs; ce changement de couleur dans les
» armes étoit fréquent alors; il avoit été *introduit pour diftin-*
» *guer les puînés* : un de la deuxieme dit qu'il a vu le frere
» du même Jean, porter des armes qu'on dit être dépendan-
» tes des armes de l'Hôtel de Créquy; on n'a point de
» preuves littérales de la premiere de ces affertions, mais
» il n'en eft pas de même de la feconde, & il eft certain
» que les armes étoient dans la famille de Jean le Jeune,
» quatre vingt-quatorze ans avant la premiere de ces En-
» quêtes; on a un fceau d'un Taffard le Jeune, Procureur
» Général du Comté d'Artois, qu'on ne peut méconnoître
» pour fon parent, comme il fera dit ci-après.

» Ce fceau qui eft attaché à un acte de 1384, repréfente
» un créquier dont la premiere feuille à droite eft chargée
» d'un petit écuffon; il eft femblable à l'exception de cela à
» ceux des armes de la maifon de Créquy; cet écuffon pa-
» roît être celui des armes d'une alliance.

» On obferve encore que les caracteres de bonne foi des
» témoins des deux Enquêtes, fe retrouvent dans la conduite
» de Jean le Jeune qui les a fait faire; il n'avoit d'autre in-
» térêt que de prouver fa nobleffe; s'il eut eu intention de
» s'enfoucher fur une famille étrangere, il n'eût pas choifi

» celle de Créquy, l'une des plus confidérables d'Artois,
» dont il exiftoit un nombre de fujets intéreffés à empêcher
» cette ufurpation; ou fi, malgré ces inconvéniens, il eut
» médité ce projet, il en eut pris le nom ; car quoique *les
» armes qui font parlantes fiffent feules préfumer l'origine de
» celui qui les portoit*, il étoit de fon intérêt de fortifier cette
» préfomption par le port du nom. Ce nom fe fut perpétué
» dans fa poftérité, ainfi que les armes, c'eft ce qu'il n'a point
» fait, il a continué à porter le nom de le Jeune, ainfi que
» fes peres, & les armes de Créquy ; fes defcendans ont
» fait de même, & ce n'eft que depuis peu de temps que MM.
» le Jeune, à la vue des deux Enquêtes vifées dans diverfes
» Sentences & Jugemens rendus en faveur de leurs ancêtres
» depuis près de trois cens ans ont pris le nom de Créquy.

» On objeftera en vain que l'éloignement de la Province
» de Touraine, où Jean le Jeune demeuroit, de l'Artois où
» la maifon de Créquy avoit fes établiffemens, étoit favorable
» à fes deffeins, puifqu'en fuppofant que les fujets de la
» maifon de Créquy, vivant en 1476 & 1485 n'euffent eu
» aucune connoiffance des dépofitions faites alors fur l'ori-
» gine de Jean le Jeune ; au moins il eft peu croyable que
» ceux qui vivoient en 1384 euffent ignoré que Taffard le
» Jeune qui vivoit alors en Artois, & qui y poffédoit une
» charge confidérable, *portoit leurs armes & faifoit préfumer
» qu'il avoit une origine commune avec eux.*

Autorifé par la décifion du fieur d'Hozier qui n'avoit point
héfité à dire que ma branche tenoit à la maifon de Créquy,
les réflexions du fieur Cherin que je viens de rapporter litté-
ralement, étoient-elles faites pour m'infpirer de la méfiance
fur mon droit ? devois-je quitter le nom de Crequy que je
portois alors depuis vingt ans ? Je l'avouerai, loin de regarder ce Mémoire comme défavantageux pour moi, je le vis

D ij

avec fatisfaction remis fous les yeux du Tribunal, & je ne doutai point qu'il ne contribuât à déterminer les fuffrages en ma faveur.

Le Tribunal, par des raifons que j'ignore au moins autant que le Marquis de Créquy, n'a pas jugé à propos de prononcer quoiqu'il eut donné fept fcéances à l'examen de l'affaire. Je n'ai apporté, ni pu apporter d'obftacles à ce que MM. les Maréchaux de France rendiffent publique l'opinion qu'ils s'étoient formée de notre caufe. J'arrivois à la Cour, on me conteftoit mon nom. je follicitai moi-même M. le Maréchal de Muy, alors Miniftre, & oncle du Marquis de Créquy, d'être de mes Juges. Si des confidérations particulieres ont fufpendu le jugement, on ne foupçonnera jamais qu'elles m'aient été perfonnelles.

Je portois le nom de Créquy lorfque je fus traduit au Tribunal des Maréchaux de France, j'ai continué de le porter pendant le cours de l'inftruction; je ne l'ai point quitté depuis que le jugement a été fufpendu; j'ai paru à la Cour, à Paris fous ce nom qui m'appartient, & le Marquis de Créquy a gardé le filence.

Quel être inconféquent n'aurois-je pas été fi, quand je recherchai l'alliance de la Comteffe de Soucy, je m'étois préfenté chez elle fous un autre nom que celui de Créquy, fi dans l'acte le plus important de ma vie je n'avois pas pris ce nom qui m'appartient & dont je m'honnore; fi, après être monté dans les carroffes du Roi, fous le nom de Comte de Créquy, je n'eus fais jouir ma femme des honneurs qui en font la fuite, celui fur-tout d'être préfentée.

Il me femble que mes procédés ont été jufqu'ici conféquents & je ne pourrois foupçonner ce qui a pu déplaire au Marquis de Créquy dans ma conduite, s'il n'avoit pris foin de m'en inftruire.

» Il a été révolté, dit-il, page 18 de fon expofé, par la

» fineſſe qu'ont mis MM. le Jeune dans le choix de la cir-
» conſtance, pour ſe marier & ſe faire préſenter ; il a été
» plus révolté encore par l'acte fait à l'égliſe.

Quelle fineſſe ai-je donc mis dans ma conduite ? Le Marquis de Créquy veut-il donner à entendre que j'ai profité de
ſon abſence pour faire préſenter ma femme ? Mais il me ſemble
que celui qui portoit depuis ving-cinq ans le nom de Créquy,
dont la famille nombreuſe avoit repris ce nom, qui étoit monté
en 1773 dans les carroſſes du Roi ſous le nom de Créquy, qui
paroiſſoit journellement à la Cour ſous cette dénomination,
qui avoit paru en 1774 au Tribunal des Maréchaux de France,
pour y défendre ce nom & qui ne l'avoit pas quitté, pouvoit
bien contracter une alliance ſous ce même nom, & profiter
de ſes avantages, ſans attendre que le Marquis de Créquy
eût quitté Paris & ſe fût diſpoſé à *faire un voyage D'OUTRE-
MER.*

Seroit-ce l'acte de mon mariage qui lui paroîtroit une fineſſe ? Mais en vérité les regiſtres publics ouverts à tout le
monde ſont bien peu propres à couvrir des fineſſes. Le projet
de mon mariage a été ſçu, les apprêts en ont été publics ; quatre mille billets imprimés l'ont annoncé. La cé-
lébration l'a été également, le Marquis de Créquy n'a pas
eu beſoin que la Gazette publiât la préſentation de ma
femme pour en avoir connoiſſance. La Marquiſe de Créquy
inſtruiſit la Comteſſe de Soucy, dans l'appartement de la
Reine le lendemain même de mon mariage, du projet que
le Marquis de Créquy réaliſe aujourd'hui. Que l'on juge d'a-
près cela ſi *ma belle-mere a tenté la Marquiſe de Créquy,* en
lui écrivant le 28 ſuivant la lettre qu'il a rapportée. C'étoit,
en effet, une plaiſante maniere de tenter la Marquiſe de Créquy, que de débuter par ces termes qui commencent ſa lettre.
» *D'après ce que vous m'avez dit, Madame, Mercredi dernier chez*
» *la Reine, vous ne ſerez pas ſurpriſe de ne point recevoir un*

» *billet d'invitation de la part de M. le Comte de Créquy, mon*
» *gendre* «. Le reste de la lettre contient une invitation que l'honnêteté demandoit & que la circonstance rendoit nécessaire.

Le Marquis de Créquy, instruit par la Marquise sa femme de tout ce qui se passoit, *auroit pu tenter, s'il l'eût voulu, de dérouter, avant l'embarquement, les calculs des personnes qui ont conduit cette affaire.* Il ne l'a pas fait, il a préféré attendre que mon mariage fût célébré, & c'est sans doute encore par bons procédés que, quinze jours après, il m'a fait assigner aux Requêtes du Palais pour quitter mon nom & mes armes. Etonné d'une conduite aussi étrange d'après tout ce qui s'étoit passé, j'espérois que ce Tribunal prononceroit enfin sur un débat dont la date étoit déja fort ancienne. J'ai constitué Procureur ; je me présentois de la meilleure grace au nouveau combat qu'on me livroit ; tout-à-coup le Marquis de Créquy a changé de marche, il s'est désisté de cette demande, en réservant de se pourvoir par tout où il aviseroit, & jugeant une instruction civile trop douce pour moi, il a rendu plainte au Bailliage de Versailles. Cette plainte m'est encore inconnue ; il annonce qu'elle a pour base la différence du nom qui m'a été donné dans mon extrait de baptême d'avec celui sous lequel je suis marié, & que plein de zèle pour ma femme & sa famille, il veut leur prouver que je suis un faussaire.

Une accusation aussi grave n'est pas de celles que l'on néglige. Je viens de saisir le Parlement de la connoissance de la cause. Le Marquis de Créquy ne fuira plus ce Tribunal, un Arrêt a ordonné l'apport des informations qu'il a fait faire à Paris, à Versailles, en Province, dans les villes, où moi & mes frères avons habité ou fait nos études. Je n'en redoute point les effets. Que ne m'a-t-il prévenu du projet qu'il avoit formé, je lui aurois épargné de si longues recherches.

Ces informations ont pour objet fans doute de prouver que moi & les miens avons porté le nom de le Jeune, avant de reprendre celui de Créquy, car c'eft le feul fait fur lequel on ait pu faire entendre raifonnablement des témoins,& je lui ai donné cet aveu par écrit. J'aurois confenti qu'il en fît tel ufage qu'il aviferoit. Si aux armes de la maifon de Créquy, que ma branche a toujours portées, j'eus joint le nom que ces armes annonçoient, je ne crois pas que le Marquis de Créquy s'avifât de me le contefter aujourd'hui. Mais la queftion à décider, eft de fçavoir fi parce que je n'ai pas toujours été connu fous ce nom, je n'ai pas aujourd'hui le droit de le reprendre, quand des titres authentiques prouvent qu'il m'appartient. Les Maifons les plus illuftres de France, fe font trouvées dans la pofition où je fuis ; le grand principe de l'imprefcriptibilité des droits du Sang, les a toujours fait rentrer dans ceux qui leur appartenoient.

Mes droits au nom de Créquy doivent d'autant moins étonner le Marquis de Créquy, qu'il a été défabufé fur l'opinion qu'il s'étoit formée de fa maifon. « Je *croyois être le feul Créquy,* » *écrivoit-il au Roi le* 25 *Janvier 1774, je me fuis trompé ; il* » *exifte encore un M. de Créquy Canaples, mais il eft veuf & fans* » *enfans* ».

Il a donc exifté pendant long-temps un Créquy, que le Marquis de Créquy ne connoiffoit pas, & que cependant il a fini par avouer. Pourquoi ne veut il pas qu'il ait pu en exifter deux. Si les titres du Marquis de Créquy avoient été bien en regle, il n'auroit pas ignoré l'exiftence du Marquis de Créquy Canaples, & je ne lui aurois point été inconnu. C'eft en parcourant les titres de la Maifon de Créquy, que Madame la Princeffe de Rache a découvert, *qu'il exiftoit une branche des Créquy, établie en Anjou fous le nom de le Jeune.* Elle a fait part de fes découvertes au feu Marquis de Créquy, Lieutenant-

Général, qui n'a pas héſité à atteſter le fait dans un des actes que j'ai rapportés.

Le Marquis de Créquy, qui s'eſt cru long-temps le dernier héritier de la Maiſon, doit avoir ces titres. S'ils ſont entre ſes mains, il a mauvaiſe grace de me conteſter mon origine. S'il ne les a pas, je ne dois pas ſouffrir de ſa négligence à conſerver les faſtes toujours précieux d'une des plus anciennes Maiſons.

Au ſurplus, je découvre aujourd'hui le motif qui a déterminé le Marquis de Créquy à reconnoître le Marquis de Créquy Canaples. Il l'a conſigné dans ſa lettre au Roi. *Il exiſte encore un M. de Créquy Canaples*, dit-il, *mais il eſt veuf & ſans enfans.* Je ne puis, j'en conviens, lui préſenter les mêmes avantages. Attaché à une famille nombreuſe, je viens de me marier, & j'eſpere perpétuer ma deſcendance.

Mais j'oublie que j'ai ſeulement à répondre à un expoſé des procédés du Marquis de Créquy. *Sa prétention*, dit-il, *eſt d'avoir une conduite noble & juſte*; j'eſpere qu'il ne me vaincra pas en nobleſſe, & s'il veut être juſte envers moi, quelles réparations ne me doit-il pas?

Il aſſure qu'*il fera ſon poſſible pour produire en Juſtice des moyens qui me fiſſent condamner.* Je lui réponds qu'ils ſeront combattus avec courage, & s'il veut bien ne plus changer de forme & de Tribunal, s'il produit ſes titres auſſi-tôt que je juſtifierai des miens, nous ne laiſſerons pas long-temps le public incertain ſur le fait d'une cauſe où je n'ai pas moins à me plaindre de l'action en elle-même, que des procédés.

Mᵉ DEBONNIERES, Avocat.

LESCOT, Proc.

A PARIS, chez P. G. SIMON, Imprimeur du Parlement, rue *Mignon Saint André-des-Arcs*. 1779.